CW00751815

Maquette : Alex Viougeas
Illustrations : Laurent Moreau

Tous droits de traduction, de reproduction et d'adaptation
réservés pour tous les pays.

Poèmes de
Jacques Prévert

Choisis et présentés par Camille Weil

GALLIMARD JEUNESSE

Avant-propos

La grande feuille de papier posée devant lui, sur la table, est couverte d'écriture, des lignes brèves.
Je m'informe :
– C'est un poème?
– Non. On appelle ça un poème, je n'ai jamais compris, pourquoi un poème est-il un poème?
– Tout le monde, même Larousse, vous appelle poète.
– On m'appelle poète, je n'y peux rien, moi je n'ai jamais

eu une carte de visite avec marqué poète. Il y a tellement de poètes ! Moi, je ne sais pas, je peux répondre ce que je réponds toujours, Garcia Lorca a répondu : « La poésie, je ne sais pas ce que c'est. » Et Henri Michaux a dit : « La poésie, je n'en sais rien. » Et puis, c'est toujours pareil, aujourd'hui c'est la poésie, est-ce qu'une chanson est poétique ou non ? qu'est-ce que c'est, poétique ? ce sont des discussions analogues à celles d'autrefois, quand l'abbé Bremond faisait un traité sur la poésie pure ! Chacun a ses idées, il y a un nom plus marrant encore : concept ! La conception est toujours immaculée, souvent inoculée. Il y a des choses, plutôt que d'en parler, il vaut mieux les faire.

Prévert se tait soudain, longtemps, les yeux grands ouverts. Puis il dit :

– La poésie, c'est ce qu'on rêve, ce qu'on imagine, ce qu'on désire et ce qui arrive, souvent. La poésie est partout comme Dieu n'est nulle part. La poésie, c'est un des plus vrais, un des plus utiles surnoms de la vie.

André Pozner
Entretien avec Jacques Prévert

Est-ce passe-temps?

■ Est-ce passe-temps d'écrire
est-ce passe-temps de rêver
Cette page
était toute blanche
il y a quelques secondes
Une minute
ne s'est pas encore écoulée
Maintenant voilà qui est fait. ◆

Conduite d'O

■ Enfant, j'avais souvent O de conduite
mais si, en souriant, je leur disais
«Ah, j'ai O de conduite!»
ils devenaient furieux et criaient
«Ce n'est pas O, c'est zéro!»

Pourtant, ce qui était écrit était écrit
et l'on peut très bien se permettre
de tout prendre à la lettre

Exemple : si on prend tout à O,
il reste toujours O.
Alors! ♦

Le cancre

■ Il dit non avec la tête
mais il dit oui avec le cœur
il dit oui à ce qu'il aime
il dit non au professeur
il est debout
on le questionne
et tous les problèmes sont posés
soudain le fou rire le prend
et il efface tout
les chiffres et les mots
les dates et les noms
les phrases et les pièges
et malgré les menaces du maître
sous les huées des enfants prodiges
avec des craies de toutes les couleurs
sur le tableau noir du malheur
il dessine le visage du bonheur. ♦

Page d'écriture

■ Deux et deux quatre
quatre et quatre huit
huit et huit font seize...
Répétez ! dit le maître
Deux et deux quatre
quatre et quatre huit
huit et huit font seize.
Mais voilà l'oiseau-lyre
qui passe dans le ciel
l'enfant le voit
l'enfant l'entend
l'enfant l'appelle :
Sauve-moi
joue avec moi
oiseau !
Alors l'oiseau descend
et joue avec l'enfant
Deux et deux quatre...
Répétez ! dit le maître
et l'enfant joue
l'oiseau joue avec lui...
Quatre et quatre huit
huit et huit font seize

et seize et seize qu'est-ce qu'ils font?
Ils ne font rien seize et seize
et surtout pas trente-deux
de toute façon
et ils s'en vont.
Et l'enfant a caché l'oiseau
dans son pupitre
et tous les enfants
entendent sa chanson
et tous les enfants
entendent la musique
et huit et huit à leur tour s'en vont
et quatre et quatre et deux et deux
à leur tour fichent le camp
et un et un ne font ni une ni deux
un à un s'en vont également.
Et l'oiseau-lyre joue
et l'enfant chante
et le professeur crie :
Quand vous aurez fini de faire le pitre!
Mais tous les autres enfants
écoutent la musique
et les murs de la classe

s'écroulent tranquillement.
Et les vitres redeviennent sable
l'encre redevient eau
les pupitres redeviennent arbres
la craie redevient falaise
le porte-plume redevient oiseau. ◆

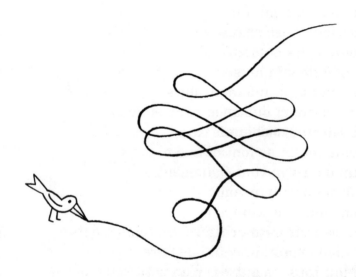

En sortant de l'école

■ En sortant de l'école
nous avons rencontré
un grand chemin de fer
qui nous a emmenés
tout autour de la terre
dans un wagon doré
Tout autour de la terre
nous avons rencontré
la mer qui se promenait
avec tous ses coquillages
ses îles parfumées
et puis ses beaux naufrages
et ses saumons fumés
Au-dessus de la mer
nous avons rencontré
la lune et les étoiles
sur un bateau à voiles
partant pour le Japon
et les trois mousquetaires des cinq doigts
   de la main
tournant la manivelle d'un petit sous-marin
plongeant au fond des mers
pour chercher des oursins

Revenant sur la terre
nous avons rencontré
sur la voie de chemin de fer
une maison qui fuyait
fuyait tout autour de la terre
fuyait tout autour de la mer
fuyait devant l'hiver
qui voulait l'attraper
Mais nous sur notre chemin de fer
on s'est mis à rouler
rouler derrière l'hiver
et on l'a écrasé
et la maison s'est arrêtée
et le printemps nous a salués
C'était lui le garde-barrière
et il nous a bien remerciés
et toutes les fleurs de toute la terre
soudain se sont mises à pousser
pousser à tort et à travers
sur la voie du chemin de fer
qui ne voulait plus avancer
de peur de les abîmer
Alors on est revenu à pied

à pied tout autour de la terre
à pied tout autour de la mer
tout autour du soleil
de la lune et des étoiles
À pied à cheval en voiture et en bateau à voiles. ◢

Jour de fête

■ Où vas-tu mon enfant avec ces fleurs
Sous la pluie

Il pleut il mouille
Aujourd'hui c'est la fête à la grenouille
Et la grenouille
C'est mon amie

Voyons
On ne souhaite pas la fête à une bête
Surtout à un batracien
Décidément si nous n'y mettons bon ordre
Cet enfant deviendra un vaurien

Et il nous en fera voir
De toutes les couleurs
L'arc-en-ciel le fait bien
Et personne ne lui dit rien
Cet enfant n'en fait qu'à sa tête
Nous voulons qu'il en fasse à la nôtre
Oh! mon père!
Oh! ma mère!
Oh! grand oncle Sébastien!

Ce n'est pas avec ma tête
Que j'entends mon cœur qui bat
Aujourd'hui c'est jour de fête
Pourquoi ne comprenez-vous pas
Oh! ne me touchez pas l'épaule
Ne m'attrapez pas par le bras
Souvent la grenouille m'a fait rire
Et chaque soir elle chante pour moi
Mais voilà qu'ils ferment la porte
Et s'approchent doucement de moi
Je leur crie que c'est jour de fête
Mais leur tête me désigne du doigt. ◆

Refrains enfantins

■ Des petites filles courent dans les couloirs
du théâtre, chantant.

Ouh ouh
ouh ouh
C'est la chanson du loup-garou
Où où
quand quand
comment comment
pourquoi pourquoi
Ouh ouh
ouh ouh
C'est la chanson du loup-garou
Il pleut Il pleut
Il fait beau
Il fait du soleil

Il est tôt
Il se fait tard
Il
Il
Il
toujours Il
Toujours Il qui pleut et qui neige
Toujours Il qui fait du soleil
Toujours Il
Pourquoi pas Elle
Jamais Elle
Pourtant Elle aussi
souvent se fait belle! ◆

Chanson du vitrier

■ Comme c'est beau
ce qu'on peut voir comme ça
à travers le sable à travers le verre
à travers les carreaux
tenez regardez par exemple
comme c'est beau
ce bûcheron
là-bas au loin
qui abat un arbre
pour faire des planches
pour le menuisier
qui doit faire un grand lit
pour la petite marchande de fleurs
qui va se marier
avec l'allumeur de réverbères
qui allume tous les soirs les lumières
pour que le cordonnier puisse voir clair
en réparant les souliers du cireur
qui brosse ceux du rémouleur
qui affûte les ciseaux du coiffeur
qui coupe le ch'veu au marchand d'oiseaux
qui donne ses oiseaux à tout le monde
pour que tout le monde soit de bonne humeur. ◆

■ Un petit mendiant
demande la charité aux oiseaux

Oh
ne me laissez pas la main pleine
je resterai là jusqu'à la nuit s'il le faut

Et il y a dans son regard une lueur de détresse

cette lueur
un oiseau la surprend

Tout à l'heure
par pure délicatesse et sans avoir grand faim
     il s'en ira à petits pas prudents manger dans
     la main de l'enfant le pain offert si simplement

Et la joie allumera tous ses feux dans les yeux
     du petit mendiant. ◆

Au hasard des oiseaux

■ J'ai appris très tard à aimer les oiseaux
je le regrette un peu
mais maintenant tout est arrangé
on s'est compris
ils ne s'occupent pas de moi
je ne m'occupe pas d'eux
je les regarde
je les laisse faire
tous les oiseaux font de leur mieux
ils donnent l'exemple
pas l'exemple comme par exemple
Monsieur Glacis qui s'est remarquablement
    courageusement conduit pendant la guerre
    ou l'exemple du petit Paul qui était si

pauvre et si beau et tellement honnête avec
ça et qui est devenu plus tard le grand Paul
si riche si vieux si honorable et si affreux
et si avare et si charitable et si pieux
ou par exemple cette vieille servante qui eut
une vie et une mort exemplaires jamais
de discussions pas ça l'ongle claquant sur
la dent pas ça de discussion avec monsieur
ou madame au sujet de cette affreuse question
des salaires
non
les oiseaux donnent l'exemple
l'exemple comme il faut
exemple des oiseaux
exemple les plumes les ailes le vol des oiseaux
exemple le nid les voyages et les chants des oiseaux
exemple la beauté des oiseaux
exemple le cœur des oiseaux
la lumière des oiseaux. ◆

Pour faire le portrait d'un oiseau

À Elsa Henriquez

■ Peindre d'abord une cage
avec une porte ouverte
peindre ensuite
quelque chose de joli
quelque chose de simple
quelque chose de beau
quelque chose d'utile
pour l'oiseau
placer ensuite la toile contre un arbre
dans un jardin
dans un bois
ou dans une forêt
se cacher derrière l'arbre
sans rien dire
sans bouger...

Parfois l'oiseau arrive vite
mais il peut aussi bien mettre de longues années
avant de se décider
Ne pas se décourager
attendre
attendre s'il le faut pendant des années
la vitesse ou la lenteur de l'arrivée de l'oiseau
n'ayant aucun rapport
avec la réussite du tableau
Quand l'oiseau arrive
s'il arrive
observer le plus profond silence
attendre que l'oiseau entre dans la cage
et quand il est entré
fermer doucement la porte avec le pinceau

puis
effacer un à un tous les barreaux
en ayant soin de ne toucher aucune des plumes
    de l'oiseau
Faire ensuite le portrait de l'arbre
en choisissant la plus belle de ses branches
pour l'oiseau
peindre aussi le vert feuillage et la fraîcheur
    du vent
la poussière du soleil
et le bruit des bêtes de l'herbe dans la chaleur
    de l'été
et puis attendre que l'oiseau se décide à chanter
Si l'oiseau ne chante pas
c'est mauvais signe
signe que le tableau est mauvais
mais s'il chante c'est bon signe
signe que vous pouvez signer
Alors vous arrachez tout doucement
une des plumes de l'oiseau
et vous écrivez votre nom dans un coin du tableau. ◆

Le chat et l'oiseau

■ Un village écoute désolé
Le chant d'un oiseau blessé
C'est le seul oiseau du village
Et c'est le seul chat du village
Qui l'a à moitié dévoré
Et l'oiseau cesse de chanter
Le chat cesse de ronronner
Et de se lécher le museau
Et le village fait à l'oiseau
De merveilleuses funérailles
Et le chat qui est invité
Marche derrière le petit cercueil de paille
Où l'oiseau mort est allongé
Porté par une petite fille
Qui n'arrête pas de pleurer
Si j'avais su que cela te fasse tant de peine
Lui dit le chat

Je l'aurais mangé tout entier
Et puis je t'aurais raconté
Que je l'avais vu s'envoler
S'envoler jusqu'au bout du monde
Là-bas où c'est tellement loin
Que jamais on n'en revient
Tu aurais eu moins de chagrin
Simplement de la tristesse et des regrets

Il ne faut jamais faire les choses à moitié. ♦

La bonne aventure

■ – Et quand je serai grande, dit la petite fille.
– Tu resteras petite, dit le chat.
– Alors je serai naine, dit la petite fille
inquiète.
– Non, dit le chat, tu seras reine, reine de tes
rêves et tu deviendras une femme en restant
une enfant.
– Je serai belle, dit la petite fille.
– Oui, dit le chat.
– Vous dites ça pour me faire plaisir, dit la
petite fille.
– Non, dit le chat, mais cela te sera utile.
– Merci chat, je reviendrai l'année prochaine,
dit la petite fille.
– L'année prochaine! Tu vois, c'est tout simple,
toi aussi tu prédis l'avenir, dit le chat. ◆

Chanson pour les enfants l'hiver

■ Dans la nuit de l'hiver
galope un grand homme blanc
galope un grand homme blanc

C'est un bonhomme de neige
avec une pipe en bois
un grand bonhomme de neige
poursuivi par le froid

Il arrive au village
il arrive au village
voyant de la lumière
le voilà rassuré

Dans une petite maison
il entre sans frapper
Dans une petite maison
il entre sans frapper
et pour se réchauffer
et pour se réchauffer
s'assoit sur le poêle rouge
et d'un coup disparaît
ne laissant que sa pipe
au milieu d'une flaque d'eau
ne laissant que sa pipe
et puis son vieux chapeau... ♦

Chanson des escargots qui vont à l'enterrement

■ À l'enterrement d'une feuille morte
Deux escargots s'en vont
Ils ont la coquille noire
Du crêpe autour des cornes
Ils s'en vont dans le soir
Un très beau soir d'automne
Hélas quand ils arrivent
C'est déjà le printemps
Les feuilles qui étaient mortes
Sont toutes ressuscitées
Et les deux escargots
Sont très désappointés
Mais voilà le soleil
Le soleil qui leur dit
Prenez prenez la peine
La peine de vous asseoir
Prenez un verre de bière
Si le cœur vous en dit

Prenez si ça vous plaît
L' autocar pour Paris
Il partira ce soir
Vous verrez du pays
Mais ne prenez pas le deuil
C'est moi qui vous le dis
Ça noircit le blanc de l'œil
Et puis ça enlaidit
Les histoires de cercueils
C'est triste et pas joli
Reprenez vos couleurs
Les couleurs de la vie
Alors toutes les bêtes
Les arbres et les plantes
Se mettent à chanter
À chanter à tue-tête
La vraie chanson vivante
La chanson de l'été
Et tout le monde de boire
Tout le monde de trinquer
C'est un très joli soir
Un joli soir d'été
Et les deux escargots

S'en retournent chez eux
Ils s'en vont très émus
Ils s'en vont très heureux
Comme ils ont beaucoup bu
Ils titubent un p'tit peu
Mais là-haut dans le ciel
La lune veille sur eux. ◗

Chanson du mois de mai

■ L'âne le roi et moi
Nous serons morts demain
L'âne de faim
Le roi d'ennui
Et moi d'amour

Un doigt de craie
Sur l'ardoise des jours
Trace nos noms
Et le vent dans les peupliers
Nous nomme
Âne Roi Homme

Soleil de Chiffon noir
Déjà nos noms sont effacés
Eau fraîche des Herbages
Sable des Sabliers
Rose du Rosier rouge
Chemin des Écoliers

L'âne le roi et moi
Nous serons morts demain
L'âne de faim
Le roi d'ennui
Et moi d'amour
Au mois de mai

La vie est une cerise
La mort est un noyau
L'amour un cerisier. ◗

■ Être ange
c'est étrange
Être âne
c'est étrâne
dit l'âne
Cela ne veut rien dire
dit l'ange en haussant les ailes
Pourtant
si étrange veut dire quelque chose
étrâne est plus étrange qu'étrange
dit l'âne
Étrange est
dit l'ange en tapant des pieds
Étranger vous-même
dit l'âne
Et il s'envole. ◆

Les animaux ont des ennuis

À Christiane Verger

■ Le pauvre crocodile n'a pas de C cédille
on a mouillé les L de la pauvre grenouille
le poisson scie
a des soucis
le poisson sole
ça le désole

Mais tous les oiseaux ont des ailes
même le vieil oiseau bleu
même la grenouille verte
elle a deux L avant l'E

Laissez les oiseaux à leur mère
laissez les ruisseaux dans leur lit
laissez les étoiles de mer
sortir si ça leur plaît la nuit
laissez les p'tits enfants briser leur tirelire
laissez passer le café si ça lui fait plaisir

La vieille armoire normande
et la vache bretonne
sont parties dans la lande en riant comme
deux folles
les petits veaux abandonnés
pleurent comme des veaux abandonnés

Car les petits veaux n'ont pas d'ailes
comme le vieil oiseau bleu
ils ne possèdent à eux deux
que quelques pattes et deux queues

Laissez les oiseaux à leur mère
laissez les ruisseaux dans leur lit
laissez les étoiles de mer
sortir si ça leur plaît la nuit
laissez les éléphants ne pas apprendre à lire
laissez les hirondelles aller et revenir. ◆

Scènes de la vie des antilopes

■ En Afrique, il existe beaucoup d'antilopes ;
ce sont des animaux charmants et très rapides
à la course.
Les habitants de l'Afrique sont les hommes
noirs, mais il y a aussi des hommes blancs ;
ceux-là sont de passage, ils viennent pour faire
des affaires, et ils ont besoin que les Noirs
les aident ; mais les Noirs aiment mieux danser
que construire des routes ou des chemins
de fer ; c'est un travail très dur pour eux
et qui souvent les fait mourir.
Quand les Blancs arrivent, souvent les Noirs
se sauvent, les Blancs les attrapent au lasso,
et les Noirs sont obligés de faire le chemin
de fer ou la route, et les Blancs les appellent
des « travailleurs volontaires ».
Et ceux qu'on ne peut pas attraper parce
qu'ils sont trop loin et que le lasso est trop
court, ou parce qu'ils courent trop vite,
on les attaque avec le fusil, et c'est pour ça que
quelquefois une balle perdue dans la montagne
tue une pauvre antilope endormie.
Alors, c'est la joie chez les Blancs et chez

les Noirs aussi, parce que d'habitude les Noirs
sont très mal nourris. Tout le monde
redescend vers le village en criant :
— Nous avons tué une antilope.
Et ils en font beaucoup de musique.
Les hommes noirs tapent sur des tambours
et allument de grands feux, les hommes blancs
les regardent danser, le lendemain ils écrivent
à leurs amis : «Il y a eu un grand tam-tam,
c'était tout à fait réussi!»
En haut, dans la montagne, les parents
et les camarades de l'antilope se regardent
sans rien dire... Ils sentent qu'il est arrivé
quelque chose...
... Le soleil se couche et chacun des animaux
se demande, sans oser élever la voix pour ne
pas inquiéter les autres : «Où a-t-elle pu aller,
elle avait dit qu'elle serait rentrée à neuf
heures... pour le dîner!»
Une des antilopes, immobile sur un rocher,
regarde le village, très loin tout en bas, dans
la vallée; c'est un tout petit village, mais
il y a beaucoup de lumière et des chants
et des cris... un feu de joie.

Un feu de joie chez les hommes, l'antilope
a compris, elle quitte son rocher et va
retrouver les autres et dit :
— Ce n'est plus la peine de l'attendre, nous
pouvons dîner sans elle...
Alors toutes les autres antilopes se mettent
à table, mais personne n'a faim, c'est un très
triste repas. ♦

Âne dormant

■ C'est un âne qui dort
Enfants, regardez-le dormir
Ne le réveillez pas
Ne lui faites pas de blagues
Quand il ne dort pas, il est très souvent malheureux.
Il ne mange pas tous les jours.
On oublie de lui donner à boire.
Et puis on tape dessus.
Regardez-le
Il est plus beau que les statues qu'on vous dit
    d'admirer et qui vous ennuient.
Il est vivant, il respire, confortablement
    installé dans son rêve.
Les grandes personnes disent que la poule
    rêve de grain et l'âne d'avoine.

Les grandes personnes disent ça pour dire
  quelque chose, elles feraient mieux de s'occuper
  de leurs rêves à elles de leurs petits
  cauchemars personnels.
Sur l'herbe à côté de sa tête, il y a deux plumes.
S'il les a vues avant de s'endormir il rêve peut-
  être qu'il est oiseau et qu'il vole.
Ou peut-être il rêve d'autre chose.
Par exemple qu'il est à l'école des garçons,
  caché dans l'armoire aux cartons à dessin.
Il y a un petit garçon qui ne sait pas faire
  son problème.
Alors le maître lui dit :
Vous êtes un âne Nicolas.
Il va pleurer.

Mais l'âne sort de sa cachette
Le maître ne le voit pas.
Et l'âne fait le problème du petit garçon.
Le petit garçon va porter le problème au
    maître, et le maître dit :
C'est très bien, Nicolas !
Alors l'âne et Nicolas rient tout doucement
    aux éclats, mais le maître ne les entend pas.
Et si l'âne ne rêve pas ça
C'est qu'il rêve autre chose.
Tout ce qu'on peut savoir, c'est qu'il rêve.
Tout le monde rêve. ◆

Tant pis

■ Faites entrer le chien couvert de boue
Tant pis pour ceux qui n'aiment ni les chiens ni
    la boue
Faites entrer le chien entièrement sali par la boue
Tant pis pour ceux qui n'aiment pas la boue
Qui ne comprennent pas
Qui ne savent pas le chien
Qui ne savent pas la boue
Faites entrer le chien
Et qu'il se secoue
On peut laver le chien
Et l'eau aussi on peut la laver
On ne peut pas laver ceux
Ceux qui disent qu'ils aiment les chiens
À condition que...
Le chien couvert de boue est propre
La boue est propre
L'eau est propre aussi quelquefois
Ceux qui disent à condition que...
Ceux-là ne sont pas propres
Absolument pas. ◆

On frappe

■ Qui est là
Personne
C'est simplement mon cœur qui bat
Qui bat très fort
À cause de toi
Mais dehors
La petite main de bronze sur la porte de bois
Ne bouge pas
Ne remue pas
Ne remue pas seulement le petit bout du doigt. ♦

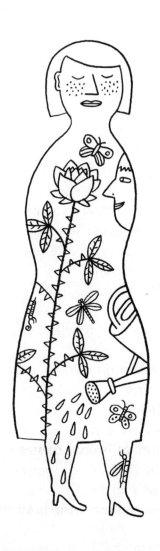

Le bouquet

■ Pour toi pour moi
loin de moi près de toi
avec toi contre moi
chaque battement de mon cœur
est une fleur arrosée par ton sang
Chaque battement c'est le tien
chaque battement c'est le mien
par tous les temps tout le temps
La vie est une fleuriste
la mort un jardinier
Mais la fleuriste n'est pas triste
le jardinier n'est pas méchant
le bouquet est trop rouge
et la sang trop vivant
la fleuriste sourit
le jardinier attend
et dit Vous avez le temps !
Chaque battement de nos cœurs
est une fleur arrosée par le sang
par le tien par le mien
par le même en même temps. ◆

Le temps haletant

■ Émerveillée de tout ne s'étonnant jamais
   de rien
une fillette chantait
suivant les saisons suivant son chemin

Quand les oignons me feront rire
les carottes me feront pleurer
l'âne de l'alphabet a su m'apprendre à lire
à lire pour de vrai

Mais une manivelle a défait le printemps
et des morceaux de glace lui ont sauté à la figure

J'ai trop de larmes pour pleurer
ils font la guerre à la nature
Moi qui tutoyais le soleil
je n'ose plus le regarder en face ◆

Nuages

■ Je suis allée chercher mon tricot de laine
    et le chevreau m'a suivie
le gris
il ne se méfie pas comme le grand
il est encore trop petit

Elle était toute petite aussi
mais quelque chose en elle parlait déjà vieux
    comme le monde
Déjà
elle savait des choses atroces
par exemple
qu'il faut se méfier
Et elle regardait le chevreau et le chevreau
    la regardait
et elle avait envie de pleurer
Il est comme moi
dit-elle
un peu triste et un peu gai
Et puis elle eut un grand sourire
et la pluie se mit à tomber. ◆

L'école des beaux-arts

■ Dans une boîte de paille tressée
Le père choisit une petite boule de papier
Et il la jette
Dans la cuvette
Devant ses enfants intrigués
Surgit alors
Multicolore
La grande fleur japonaise
Le nénuphar instantané
Et les enfants se taisent
Émerveillés
Jamais plus tard dans leur souvenir
Cette fleur ne pourra se faner
Cette fleur subite
Faite pour eux
À la minute
Devant eux. ◆

Quartier libre

■ J'ai mis mon képi dans la cage
et je suis sorti avec l'oiseau sur la tête
Alors
on ne salue plus
a demandé le commandant
Non
on ne salue plus
a répondu l'oiseau
Ah bon
excusez-moi je croyais qu'on saluait
a dit le commandant
Vous êtes tout excusé tout le monde peut se tromper
a dit l'oiseau. ◆

Tant bien que mal

■ Ils sont marrants les êtres
Vous tout comme moi
Moi tout comme vous
Et c'est pas du théâtre
c'est la vie
c'est partout

Ils sont marrants les êtres
En entrant chez les autres
il y en a qui tombent bien
il y en a qui tombent mal
À celui qui tombe bien
on dit Vous tombez bien
et on lui offre à boire

et une chaise pour s'asseoir
À celui qui tombe mal
personne ne lui dit rien
Ils sont marrants les êtres
qui tombent chez les uns
qui tombent chez les autres
ils sont marrants les êtres
Celui qui tombe mal
une fois la porte au nez
retombe dans l'escalier
et l'autre passe dessus
à grandes enjambées
Quand il regagne la rue
après s'être relevé
il passe inaperçu
oublié effacé
La pluie tombe sur lui
et tombe aussi la nuit

Ils sont marrants les êtres
Ils tombent ils tombent toujours
ils tombent comme la nuit
et se lèvent comme le jour. ◆

Le miroir brisé

■ Le petit homme qui chantait sans cesse
le petit homme qui dansait dans ma tête
le petit homme de la jeunesse
a cassé son lacet de soulier
et toutes les baraques de la fête
tout d'un coup se sont écroulées
et dans le silence de cette fête
dans le désert de cette tête
j'ai entendu ta voix heureuse
ta voix déchirée et fragile
enfantine et désolée
venant de loin et qui m'appelait
et j'ai mis ma main sur mon cœur
où remuaient
ensanglantés
les sept éclats de glace de ton rire étoilé. ♦

Le ruisseau

■ Beaucoup d'eau a passé sous les ponts
et puis aussi énormément de sang
Mais aux pieds de l'amour
coule un grand ruisseau blanc
Et dans les jardins de la lune
où tous les jours c'est ta fête
ce ruisseau chante en dormant
Et cette lune c'est ma tête
où tourne un grand soleil bleu
Et ce soleil c'est tes yeux. ◢

Silence de vie

■ Je ne veux rien apprendre
Je ne veux rien comprendre
    ni retenir
de morte voix
Je ne veux plus entendre
    ce vacarme sourd et muet
    de phrases et de chiffres
    de nombres et d'idées
Depuis longtemps déjà
    et même en se taisant
    la vie chante avec moi
    quelque chose de beau
Je n'entends pas votre langage
Je refuse un autre cerveau
    dit l'enfant
L'enfant sauvage. ◆

En ce temps las

■ ... Et presque tout cela se passait
aujourd'hui, c'est-à-dire, comme toujours,
    dans le temps.
Et tous suivaient celui qui criait : « En avant ! »
Et puis, soudain, ce ne fut ni n'était
aujourd'hui, hier soir ou demain matin, on
entendit un autre cri :
« En après ! »
C'était, venant d'une autre espèce d'impasse
d'espace, une voix d'enfant, la voix joyeuse
et folle d'un hors-la-loi du temps. ◆

La nouvelle saison

■ Une terre fertile
Une lune bonne enfant
Une mer hospitalière
Un soleil souriant
Au fil de l'eau
Les filles de l'air du temps
Et tous les garçons de la terre
Nagent dans le plus profond ravissement
Jamais d'été jamais d'hiver
Jamais d'automne ni de printemps
Simplement le beau temps tout le temps
Et Dieu chassé du paradis terrestre
Par ces adorables enfants

Qui ne le reconnaissent ni d'Ève ni d'Adam
Dieu s'en va chercher du travail en usine
Du travail pour lui et pour son serpent
Mais il n'y a plus d'usine
Il y a seulement
Une terre fertile
Une lune bonne enfant
Une mer hospitalière
Un soleil souriant
Et Dieu avec son reptile
Reste là
Gros Saint Jean comme devant
Dépassé par les événements. ◆

La pêche à la baleine

■ À la pêche à la baleine, à la pêche à la baleine,
Disait le père d'une voix courroucée
À son fils Prosper, sous l'armoire allongé,
À la pêche à la baleine, à la pêche à la baleine,
Tu ne veux pas aller,
Et pourquoi donc ?
Et pourquoi donc que j'irais pêcher une bête
Qui ne m'a rien fait, papa,
Va la pêpé, va la pêcher toi-même,
Puisque ça te plaît,
J'aime mieux rester à la maison avec
    ma pauvre mère,
Et le cousin Gaston.
Alors dans sa baleinière le père tout seul s'en
    est allé
Sur la mer démontée...
Voilà le père sur la mer
Voilà le fils à la maison
Voilà la baleine en colère,
Et voilà le cousin Gaston qui renverse la soupière,

La soupière au bouillon.
La mer était mauvaise,
La soupe était bonne,
Et voilà sur sa chaise Prosper qui se désole :
À la pêche à la baleine, je ne suis pas allé,
Et pourquoi donc que j'y ai pas été ?
Peut-être qu'on l'aurait attrapée
Alors j'aurais pu en manger,
Mais voilà la porte qui s'ouvre, et ruisselant d'eau,
Le père apparaît hors d'haleine,
Tenant la baleine sur son dos,
Il jette l'animal sur la table, une belle baleine
    aux yeux bleus
Une bête comme on en voit peu,
Et dit d'une voix lamentable :
Dépêchez-vous de la dépecer,
J'ai faim, j'ai soif, je veux manger.
Mais voilà Prosper qui se lève,
Regardant son père dans le blanc des yeux,
Dans le blanc des yeux bleus de son père,

Bleus comme ceux de la baleine aux yeux bleus :
Et pourquoi donc je dépècerais une pauvre bête
    qui m'a rien fait ?
Tant pis j'abandonne ma part,
Puis il jette le couteau par terre,
Mais la baleine s'en empare, et se précipitant
    sur le père
Elle le transperce de père en part.
Ah, ah, dit le cousin Gaston,
Ça me rappelle la chasse, la chasse aux papillons,
Et voilà,
Voilà Prosper qui prépare les faire-part
La mère qui prend le deuil de son pauvre mari
Et la baleine, la larme à l'œil contemplant
    le foyer détruit,
Soudain elle s'écrie :
Et pourquoi donc j'ai tué ce pauvre imbécile,
Maintenant les autres vont me pourchasser
    en motogodille
Et puis ils vont exterminer toute ma petite famille,
Alors, éclatant d'un rire inquiétant,
Elle se dirige vers la porte et dit
À la veuve en passant :

Madame, si quelqu'un vient me demander,
Soyez aimable et répondez :
La baleine est sortie,
Asseyez-vous,
Attendez là,
Dans une quinzaine d'années, sans doute
    elle reviendra... ◆

La couleur locale

■ Comme il est beau ce petit paysage
Ces deux rochers ces quelques arbres
et puis l'eau et puis le rivage
comme il est beau
Très peu de bruit un peu de vent
et beaucoup d'eau
C'est un petit paysage de Bretagne
il peut tenir dans le creux de la main
quand on le regarde de loin
Mais si on s'avance
on ne voit plus rien
on se cogne sur un rocher
ou sur un arbre
on se fait mal c'est malheureux
Il y a des choses qu'on peut toucher de près
d'autres qu'il vaut mieux regarder d'assez loin
mais c'est bien joli tout de même
Et puis avec ça
le rouge des roses rouges et le bleu des bleuets
le jaune des soucis le gris des petits gris
toute cette humide et tendre petite sorcellerie
et le rire éclatant de l'oiseau paradis
et ces chinois si gais si tristes et si gentils...

Bien sûr
c'est un paysage de Bretagne
un paysage sans roses roses
sans roses rouges
un paysage gris sans petit gris
un paysage sans chinois sans oiseau paradis
Mais il me plaît ce paysage-là
et je peux bien lui faire cadeau de tout cela
Cela n'a pas d'importance n'est-ce pas
et puis peut-être que ça lui plaît
à ce paysage-là
La plus belle fille du monde
ne peut donner que ce qu'elle a
La plus belle fille du monde
je la place aussi dans ce paysage-là
et elle s'y trouve bien
elle l'aime bien
Alors il lui fait de l'ombre
et puis du soleil
dans la mesure de ses moyens
et elle reste là
et moi aussi je reste là
près de cette fille-là

À côté de nous il y a un chien avec un chat
et puis un cheval
et puis un ours brun avec un tambourin
et plusieurs animaux très simples dont j'ai
oublié le nom
Il y a aussi la fête
des guirlandes des lumières des lampions
et l'ours brun tape sur son tambourin
et tout le monde danse une danse
tout le monde chante une chanson. ◆

Sables mouvants

■ Démons et merveilles
Vents et marées
Au loin déjà la mer s'est retirée
Et toi
Comme une algue doucement caressée par le vent
Dans les sables du lit tu remues en rêvant
Démons et merveilles
Vents et marées
Au loin déjà la mer s'est retirée
Mais dans tes yeux entrouverts
Deux petites vagues sont restées
Démons et merveilles
Vents et marées
Deux petites vagues pour me noyer. ◆

Chanson pour chanter
à tue-tête et à cloche-pied

■ Un immense brin d'herbe
Une toute petite forêt
Un ciel tout à fait vert
Et des nuages en osier
Une église dans une malle
La malle dans un grenier
Le grenier dans une cave
Sur la tour d'un château
Le château à cheval
À cheval sur un jet d'eau
Le jet d'eau dans un sac
À côté d'une rose
La rose d'un fraisier
Planté dans une armoire
Ouverte sur un champ de blé
Un champ de blé couché
Dans les plis d'un miroir

Sous les ailes d'un tonneau
Le tonneau dans un verre
Dans un verre à Bordeaux
Bordeaux sur une falaise
Où rêve un vieux corbeau
Dans le tiroir d'une chaise
D'une chaise en papier
En beau papier de pierre
Soigneusement taillé
Par un tailleur de verre
Dans un petit gravier
Tout au fond d'une mare
Sous les plumes d'un mouton
Nageant dans un lavoir
À la lueur d'un lampion
Éclairant une mine
Une mine de crayons

Derrière une colline
Gardée par un dindon
Un gros dindon assis
Sur la tête d'un jambon
Un jambon de faïence
Et puis de porcelaine
Qui fait le tour de France
À pied sur une baleine
Au milieu de la lune
Dans un quartier perdu
Perdu dans une carafe
Une carafe d'eau rougie
D'eau rougie à la flamme
À la flamme d'une bougie
Sous la queue d'une horloge
Tendue de velours rouge
Dans la cour d'une école
Au milieu d'un désert
Où de grandes girafes
Et des enfants trouvés
Chantent chantent sans cesse
À tue-tête à cloche-pied
Histoire de s'amuser

Les mots sans queue ni tête
Qui dansent dans leur tête
Sans jamais s'arrêter

Et on recommence
Un immense brin d'herbe
Une toute petite forêt...
....
etc., etc., etc... ◆

■ Exilé des vacances
dans sa zone perdue
il découvre la mer
que jamais il n'a vue
La caravane vers l'ouest
la caravane vers l'est et vers la Croix du Sud
et vers l'Étoile du Nord
ont laissé là pour lui
de vieux wagons couverts de rêves et de poussière

Voyageur clandestin enfantin ébloui
il a poussé la porte du Palais des Mirages
et dans les décombres familiers de son paysage
　　d'ombres inhospitalières
il poursuit en souriant son prodigieux voyage
et traverse en chantant un grand désert ardent

Algues du terrain vague
caressez-le doucement. ◆

■ Les vacances, (...), pour moi c'était la mer.
(...) La mer, je courais après elle, elle courait
après moi, tous deux on faisait ce qu'on
voulait. C'était comme dans les contes de fées :
elle changeait les gens. À peine arrivés, ils
n'avaient plus la même couleur, ni la même
façon de parler. Ils étaient tout de suite remis
à neuf, on aurait dit des autres.

Elle changeait aussi les choses et elle les
expliquait. Avec elle, je savais l'horizon, le flux
et le reflux, le crépuscule, l'aube, le vent qui se
lève, le temps qui va trop vite et qui n'en finit
plus. Et puis la nuit qui tombe, le jour qui
meurt et un tas de choses qui me plaisaient et
que, loin d'elle, très vite, j'oubliais. ◆

Gens de plume

■ Dans cette ville, les gens de plume ou oiseaux rares faisaient leur numéro dans une identique volière.

À très peu de choses près, c'était le même numéro.

Les uns écrivaient sur les autres, les autres écrivaient sur les uns. Mais «en réalité» la plupart d'entre eux n'écrivaient que sous eux.

Quand ils volaient, ou accomplissaient le simulacre de voler, avec ailes de géant et grands Pégazogènes, c'était toujours dans les Hauts Lieux, où paraît-il, souffle l'esprit.

Ils parlaient beaucoup entre eux.

Coiffés d'une grand éteignoir noir, auréolés d'une lumière indiciblement blême.

Ils ne parlaient que d'eux et que d'œufs :
«Qu'avez-vous pondu, cher ami, cette année?»
Et ainsi de suite et pareillement dans un
langage analogue.
Dès qu'on annonçait une omelette,
ils venaient caser leurs œufs.

Certains d'entre eux portaient de grandes
manchettes et n'écrivaient que sur elles.

Les jours de fête à la Nouvelle Oisellerie
Française on leur jetait parfois des graines, on
leur offrait un gobelet.
Dans le grand jardin, une grande foule de
grands solitaires, irréductibles, inséparables et
néo-grégaires se rencontrait.

Et leur agressive et inéluctable solidarité,
chacun étant pour l'autre d'une inéluctable
indispensabilité, donnait lieu à de très
profonds entretiens musicaux où tous ces
oiseaux rares donnaient de concert des solos,
et l'on entendait l'unique cri du chœur de leur

unique voix de tête, qui d'un commun
apparent désaccord chantait le contraire des
uns sur le même air que les autres et le même
air des autres sur le même contraire des uns.

Mais, dans cette ville, il y avait aussi des
Moineaux. ◆

Soyez polis

I

■ Couronné d'étincelles
Un marchand de pierres à briquet
Élève la voix le soir
Dans les couloirs de la station Javel
Et ses grands écarts de langage
Déplaisent à la plupart des gens
Mais la brûlure de son regard
Les rappelle à de bons sentiments
Soyez polis
Crie l'homme
Soyez polis avec les aliments
Soyez polis
Avec les éléments avec les éléphants
Soyez polis avec les femmes
Et avec les enfants
Soyez polis
Avec les gars du bâtiment
Soyez polis
Avec le monde vivant.

II

Il faut aussi être très poli avec la terre
Et avec le soleil
Il faut les remercier le matin en se
réveillant
Il faut les remercier
Pour la chaleur
Pour les arbres
Pour les fruits
Pour tout ce qui est bon à manger
Pour tout ce qui est beau à regarder
À toucher
Il faut les remercier
Il ne faut pas les embêter... les critiquer
Ils savent ce qu'ils ont à faire
Le soleil et la terre
Alors il faut les laisser faire
Ou bien ils sont capables de se fâcher
Et puis après
On est changé
En courge
En melon d'eau
Ou en pierre à briquet
Et on est bien avancé...
Le soleil est amoureux de la terre

La terre est amoureuse du soleil
Ça les regarde
C'est leur affaire
Et quand il y a des éclipses
Il n'est pas prudent ni discret de les regarder
Au travers de sales petits morceaux de verre fumé
Ils se disputent
C'est des histoires personnelles
Mieux vaut ne pas s'en mêler
Parce que
Si on s'en mêle on risque d'être changé
En pomme de terre gelée
Ou en fer à friser
Le soleil aime la terre
La terre aime le soleil
C'est comme ça
Le reste ne nous regarde pas
La terre aime le soleil
Et elle tourne
Pour se faire admirer
Et le soleil la trouve belle
Et il brille sur elle
Et quand il est fatigué
Il va se coucher

Et la lune se lève
La lune c'est l'ancienne amoureuse du soleil
Mais elle a été jalouse
Et elle a été punie
Elle est devenue toute froide
Et elle sort seulement la nuit
Il faut aussi être très poli avec la lune
Ou sans ça elle peut vous rendre un peu fou
Et elle peut aussi
Si elle veut
Vous changer en bonhomme de neige
En réverbère
Ou en bougie
En somme pour résumer
Deux points ouvrez les guillemets :

«Il faut que tout le monde soit poli avec le monde
  ou alors il y a des guerres... des épidémies
  des tremblements de terre des paquets de
  mer des coups de fusil...
Et de grosses méchantes fourmis rouges qui
  viennent vous dévorer les pieds pendant qu'on
  dort la nuit.» ◆

L'enfant de mon vivant

■ Dans la plus fastueuse des misères
mon père ma mère
apprirent à vivre à cet enfant
à vivre comme on rêve jusqu'à ce que mort s'ensuive
naturellement
Sa voix de rares pleurs et de rires fréquents
sa voix me parle encore
sa voix mourante et gaie
intacte et saccagée
Je ne puis le garder je ne puis le chasser
ce gentil revenant
Comment donner le coup de grâce
à ce camarade charmant
qui me regarde dans la glace
et de loin me fait des grimaces
pour me faire marrer
drôlement
et qui m'apprit à faire l'amour
maladroitement
éperdument

L'enfant de mon vivant
sa voix de pluie et de beau temps
chante toujours son chant lunaire ensoleillé
son chant vulgaire envié et méprisé
son chant de terre à terre
étoilé

Non
je ne serai jamais leur homme
puisque leur homme est un roseau pensant
   non jamais je ne deviendrai cette plante
   carnivore qui tue son dieu et le dévore et
   vous invite à déjeuner et puis si vous
   refusez vous accuse de manger du curé
Et j'écoute en souriant l'enfant de mon vivant
l'enfant heureux et aimé
et je le vois danser
danser avec ma fille
avant de s'en aller
là où il doit aller ◆

Jacques Prévert, l'esprit d'enfance

Jacques Prévert est né le 4 février 1900 à Neuilly-sur-Seine, où il passe son enfance. Son père travaille dans une grande compagnie d'assurances, mais nourrit une passion secrète pour le théâtre et s'essaie à la critique dramatique. Sa mère est d'origine modeste. Enfant, elle aidait sa mère à faire des sacs en papier pour les marchands des Halles. C'est elle qui lui apprend à lire. Jacques a un frère, Pierre, qui deviendra cinéaste. Le père est fréquemment au chômage, et la famille doit déménager souvent. Quand celui-ci retrouve un emploi à l'Office central des pauvres de Paris, Jacques l'accompagne souvent le jeudi dans ses visites aux pauvres «pour savoir s'ils méritent qu'on leur vienne en aide», et il en est marqué à jamais. Le garçon s'ennuie à l'école, mais il dévore les livres : *David Copperfield*, *Les Trois Mousquetaires*, *Les Mille et Une Nuits*, *La Case de l'oncle Tom*… Il découvre aussi le cinéma (toute la famille va au cinéma une fois par semaine !). À 15 ans, pour gagner sa vie, il fait toutes sortes de petits métiers. Puis il travaille au *Courrier de la presse* pour lequel il doit récolter les informations les plus significatives, drôles ou scandaleuses. À 23 ans il devient figurant au cinéma. Au moment de son service militaire, il rencontre le peintre Yves Tanguy et Marcel Duhamel, le futur directeur de la Série Noire (dont le titre lui sera suggéré par Prévert) qui les héberge tous deux rue du Château où se rendent les surréalistes. Il se lie d'amitié avec Aragon, Breton, Péret, Desnos, Leiris, Queneau!... Supportant mal la tyrannie d'André Breton, il rompt avec le mouvement en 1930. Entre 1932 et 1936, il écrit des textes pour le «Groupe Octobre», une troupe de théâtre populaire et militante qui a pris ce nom en souvenir de la révolution de 1917. Il rencontre Marcel Carné et travaille pour le cinéma de 1937 à 1949; il écrit entre autres les scénarios et les dialogues des grands films du réalisateur, *Drôle de drame*, 1937, *Le Quai des brumes*,1938, *Le jour se lève*, 1939, *Les Visiteurs du soir*, 1942, *Les Enfants du paradis*, 1945, *Les Portes de la nuit*, 1946. Il compose également les dialogues de films d'autres réalisateurs, comme *Lumière d'été*, 1943, de Jean Grémillon, *Les Amants de Vérone*, 1949, d'André Cayatte. Ces collaborations le rendent célèbre. Son premier recueil, *Paroles*, publié en 1946, connaît un immense succès. Juliette Gréco, Yves Montand, Mouloudji interprètent ses textes mis en musique par Joseph Kosma. Pour sa fille Michèle (Minette), née de son union avec sa femme Janine, il écrit *Contes pour enfants pas sages* et *Le Petit Lion*, en 1947, plus tard *L'Opéra de la lune* illustré par Jacqueline Duhême, en 1953. À partir de 1949, il pratique les collages, qu'il nomme ses «images» pour prolonger sur le plan visuel les thèmes essentiels à son œuvre poétique. Pour le cinéma, il écrit les dialogues du *Roi et l'Oiseau*, avec Paul Grimault, dont le scénario est tiré de *La Bergère et le Ramoneur*, écrit en 1953.

De 1946 à 1955, Prévert publie *Histoires*, *Spectacle*, *La Pluie et le Beau Temps*. De grands peintres, Picasso, Braque, Calder, Miró, Max Ernst, et les photographes Brassaï, Ylla, Izis, Doisneau sont ses amis. Prévert collabore à de nombreux ouvrages avec ces artistes. Il compose des recueils de collages, *Fatras*, en 1966, et *Imaginaires*, en 1970. *Choses et Autres* est publié en 1972. *Soleil de nuit* paraît en 1980, et *La Cinquième Saison* en 1984, à titre posthume.

Jacques Prévert s'est éteint en 1977, dans sa maison d'Omonville-la-Petite (Manche).

Prévert a toujours entretenu un rapport privilégié avec le monde de l'enfance. Lui-même avait gardé son regard d'enfant curieux et doux, toujours capable de s'émerveiller.

«Le petit garçon qu'a été le poète (...) est le cœur de son œuvre», disait à son propos André Breton.

«Je ne joue pas sur les mots, je joue parfois avec eux»

Jacques Prévert, qui a fait subir au langage «une cure de jouvence», refusait d'expliquer ce qu'est la poésie. «Les mots sont les enfants du vocabulaire, écrit-il dans *Imaginaires*, il n'y a qu'à les laisser sortir des cours de création et se précipiter dans la cour de récréation. Là ils se réinventent, ils éclatent de rire et leurs éclats de rire sont les morceaux d'un puzzle, d'une agressive et tendre mosaïque.»

S'il aime faire chanter les mots, le poète pense aussi qu'il faut être attentif à ce qu'ils révèlent et impliquent. Dans ce mélange de réel et de surréel qu'est sa poésie, il ne se contente pas du chant, mais nous dit son attachement aux êtres et à la nature, s'indigne du saccage de cette dernière et des aberrations de la technique. C'est un homme révolté et solidaire, qui ne supporte pas l'humiliation des plus faibles. Opposé à toutes les mystifications et à toutes les oppressions, il privilégie l'amour et l'amitié, et veut «rendre la vie plus libre, plus belle, plus heureuse…».

Fabuleux conteur, Prévert, qui se défie des clichés et des lieux communs, aime la langue familière «parce qu'elle se renouvelle constamment» et lui permet de faire surgir des sensations et de puissantes images colorées, un peu comme un peintre naïf donnerait à voir l'innocence des êtres et des choses et la beauté du monde originel. Si Prévert reste le poète le plus populaire de son temps, c'est aussi parce qu'il sait nous émouvoir et nous toucher en nous faisant partager son univers. «Raconter une histoire, c'est comme un désir ou un rêve, tout cela existe.»

«En laissant les mots vagabonder en liberté», les poèmes qui composent ce recueil reprennent les thèmes de prédilection de Prévert, l'enfance, les gens de tous les jours, les animaux et leur bestiaire, l'oiseau enchanteur, la nature, les merveilles du quotidien et… la poésie!

Table des matières

Les textes de Jacques Prévert présentés ici sont issus de recueils publiés aux Éditions Gallimard.

1ère et 4ème de couverture : Crédit photo : photomatons de Jacques Prévert, vers 1929. Paris, musée national d'Art moderne. © Collection Centre Pompidou, Distr. RMN/G. Merguerditchian.

* Musique de Joseph Kosma.

Loi n° 49-956 du 17 juillet 1949
sur les publications destinées à la jeunesse
ISNB 987-2-07-062991-6
N° d'édition : 246241
Dépôt légal : mai 2012
Imprimé en Espagne par Novoprint (Barcelone)